DE L'EXERCICE

DU

DROIT DE SUFFRAGE

PAR

V. DE LANGSDORFF

AVOCAT

PARIS

IMPRIMERIE DE L. POUPART-DAVYL

30, RUE DU BAC, 30

—

1868

DE L'EXERCICE

DU

DROIT DE SUFFRAGE

Le gouvernement a l'habitude de nous rappeler, quand il s'agit des libertés dont nous jouissions sous le régime des censitaires, que nous possédons le suffrage universel. « Vous n'avez pas la liberté de la presse, cela est vrai, vous n'avez pas la liberté de réunion, mais vous avez le suffrage universel. » Nous le savons. C'est une conquête qui remonte à la République de 1848, ce n'est pas une invention de l'Empire. L'originalité du nouveau régime en cette matière est d'avoir conservé le nom d'une institution à laquelle il retirait la pensée qui l'anime, et les mouvements naturels qui en assurent le développement et la vie. L'incontestable habileté avec laquelle il annulait en pratique ce qu'il maintenait en théorie lui fournit une double défense contre les partis. En face des conservateurs, il leur dit : « Vous avez le suffrage universel, mais ne vous en effrayez pas outre mesure. N'avez-vous pas le pouvoir personnel et la direction administrative? » Il dit aux libéraux : « J'ai repris les habitudes traditionnelles de la monarchie de Louis XIV et de mon oncle. Comme eux, j'aime la guerre, les dépenses et les expéditions de fantaisie. J'ai construit des empires au Mexique, en Italie et en Allemagne, comme ils construisaient à Versailles et à Marly des demeures royales. Mais que ces entreprises plaisent ou déplaisent à la démocratie, qu'elles lui semblent ou non inspirées par un esprit qui n'est pas le sien, et qui perpétue dans un monde nouveau l'esprit du passé, de quoi vous plaignez-vous? vous avez le suffrage universel. » C'est ainsi qu'il réunit dans un commun assentiment les conservateurs et les libéraux, et cette double réponse sera suffisante aussi longtemps que durera, chez les conservateurs, la défiance avec laquelle ils acceptent la plus indiscutable de nos institutions; chez les libéraux, la disposition naïve qui les porte à se contenter d'une déclaration de principe. Le gouvernement n'aura pour les satisfaire qu'à leur montrer tour à tour l'envers et l'endroit de la pièce pour en escamoter la substance. Il pourra, pour nous résumer, garder l'huître, en laissant aux conservateurs une écaille, et l'autre écaille aux libéraux.

Est-il donc vrai que, dans une nation comme la nôtre, la peur que nous nous inspirons mutuellement ait amené cette abdication commune entre les mains d'un pouvoir qui ne pouvait ni protéger les intérêts dont on lui confiait la défense, ni suffire aux espérances qui l'appelaient comme un changement? Fondé sur l'assentiment de deux partis extrêmes, chargé de réaliser en même temps deux programmes contradictoires, il est devenu lui-même une contradiction vivante, dont le spectacle alarme l'Europe et dont l'entretien nous ruine. Aux idées libérales, il ouvre le monde; il ferme la France. Il établit à Bucharest un gouvernement constitutionnel; il encourage le vice-roi d'Égypte dans la voie du gouvernement parlementaire. Heureux de céder à ses voisins cette marchandise inflammable, il lui défend le retour. A Rome, il tient en haleine les cléricaux et les radicaux, et faisant tour à tour trois pas en avant et trois en arrière, il nourrit les deux esprits, qui depuis un siècle bientôt se disputent le monde, de satisfactions illusoires. En France, il rencontre une liberté qui les contient toutes, qui peut les ramener, les conserver et les étendre, — si elle garde conscience d'elle-même, — qui peut, en perdant cette conscience, descendre du rang des forces morales à celui d'une force matérielle, et s'atteler ensuite comme la vapeur à la machine gouvernementale. Il importe de la respecter : elle a fait l'Empire. Il importe de la soumettre : elle ferait la nation. La force dont dispose le suffrage universel est immense et confuse. Il se connaît mieux par le nom qu'il porte que par le détail des droits que ce nom renferme, et qui seuls cependant peuvent le mettre en œuvre et lui donner l'exercice de la souveraineté qu'il désigne. Il écrase ses ennemis quand il les voit; il sent à peine les attaques détournées. Comment conserver le nom, et ne conserver que le nom? Donner au pouvoir personnel la popularité qu'il éveille, à l'arbitraire, pour le défendre, les formes qui semblaient destinées à servir le libéralisme.

C'est vers ce résultat que nous ont conduit, de 1852 à 1867, ces lois sur la presse et sur les réunions, que le Corps législatif vient de condamner. Après une épreuve de quinze années, qu'il était facile d'abréger. Il n'y a pas grand mérite à les juger aujourd'hui et à montrer qu'elles étaient incompatibles, sinon avec l'apparence, du moins avec la réalité du suffrage universel. Elles lui portaient deux blessures par lesquelles devaient s'écouler sa pensée et son énergie : la nation conservait bien le droit de manifester sa volonté, mais elle ne pouvait ni se parler ni s'écouter. On lui permettait aux jours consacrés de jeter au fond d'une urne les bulletins que l'on mettait entre ses mains, on ne lui permettait pas de se réunir en assemblées préparatoires pour grouper dans une action commune les volontés particulières. Elle possédait, en un mot, les droits les plus étendus, elle ne possédait pas les droits intermédiaires; et c'est l'exercice de ces droits intermédiaires, qui l'auraient conduite cependant jusqu'à la souveraineté définitive, que l'on lui vantait sans cesse. Ainsi l'on a pu nous dire, en nous montrant le suffrage universel : « Vous êtes arrivés avant tous les peuples de l'Europe à la plus haute forme de la vie sociale qu'il soit possible d'atteindre. Riches ou pauvres, vous dirigez par vos applaudissements et par vos sifflets le drame de vos destinées, que conduisent pour vous les acteurs qu'il vous plaît de mettre en lumière et que vous pouvez rappeler à l'obscurité. » Ou bien encore : « Vous êtes des magistrats populaires, vous êtes chargés de rendre, au jour des solennelles assises, un verdict d'acquittement ou de blâme sur la conduite du gouvernement. » On a pu nous prodiguer toutes les comparaisons tirées du théâtre et de la magistrature, et nous n'avons pas répondu, en montrant le pouvoir discrétionnaire : Voilà qui fait tomber toutes ces comparaisons, qui met la comédie au théâtre, qui condamne au silence jusque dans la salle d'audience la discussion nationale, pour n'y laisser pénétrer qu'une discussion officielle et surveillée. Non, nous ne sommes pas des jurés ; non, l'administration n'est point une accusée : c'est elle qui préside les débats, qui donne et qui retire la parole ; c'est elle, en un mot, qui, juge et partie dans sa propre cause, choisit ses accusateurs et les punit.

Le système de l'autorisation préalable et des avertissements n'est plus aujourd'hui qu'un souvenir. Le pouvoir discrétionnaire a fait son temps. Est-ce à dire que les réformes soient suffisantes ? Nous ne le pensons pas. Elles sont loin d'avoir établi l'harmonie entre les mots et les choses, les promesses du suffrage universel et les conditions de sa mise en œuvre. Pour nous débarrasser tout d'abord du droit de réunion, dont nous n'avions à nous occuper, de 1852 à 1867, que pour constater sa non-existence, nous pouvons affirmer, encore aujourd'hui, que les pénalités qui le bornent, la solennité des formes qui le précèdent, l'intimidation exercée sur les assistants par la présence du fonctionnaire, qui vient jouer en quelque sorte le rôle d'un maître d'études, en font la plus insignifiante des cérémonies et la plus dangereuse des distractions. Les amendes suspendues sur la tête des orateurs et sur celles de leurs amis forment, si on les additionne, un chiffre assez considérable pour faire longtemps réfléchir le plus déterminé des parleurs. Ce n'est pas trop d'une fortune pour aborder deux ou trois questions. Les imprudents et les millionnaires oseront seuls se permettre quelques incursions sur ce domaine réservé; mais les millionnaires sont prudents, et les imprudents ne sont pas millionnaires. Ils apprendront à leurs dépens la vérité du proverbe qui dit : « La parole est d'argent, mais le silence est d'or. » Si quelque fils de famille persiste, avec l'inexpérience de la jeunesse, dans le goût des dissertations publiques sur les affaires publiques, ses parents ou ses amis devront sans doute, comme pour les joueurs, les insensés et les prodigues, faire prononcer contre lui une interdiction judiciaire, qui sacrifie son éloquence et sauve son patrimoine. Est-ce de cette façon, grand Dieu, qu'il convient de réglementer chez un peuple souverain un droit aussi simple que celui de se réunir pour traiter des affaires que l'on reconnaît être les siennes, et sur lesquelles, en fin de compte, il est appelé à se prononcer? Ne peut-on se voir, ne peut-on causer sans avertir l'administration, ce qui gêne toujours un peu, sans tout cet appareil qui fait une représentation de la chose du monde qui devrait être la plus familière et la plus fréquente, chez une nation qui fait ses affaires elle-même, et qui, par conséquent, s'en occupe? Vous voulez, n'est-ce pas, qu'au jour marqué pour les élections générales ou partielles, les citoyens répondent par oui ou par non aux questions que vous leur posez. Vous avez confiance dans leur bon sens, vous leur supposez assez de sagesse pour décider comme il est avantageux qu'ils décident. Eh bien! pourquoi ne pouvons-nous pas avant le jour où nous parlons d'une manière officielle, en notre qualité de souverain, parler d'une manière moins officielle et moins souveraine? Est-ce au moment où l'on nous interroge, et pendant le temps désigné sous le nom de période électorale, est-ce pendant ce temps seulement que l'inspiration va descendre sur nous, et le moyen le plus sûr de la faire descendre et de la posséder à la dernière heure, n'est-ce pas de nous préparer dans la mesure de nos forces à l'intelligence des décisions que l'on nous demande de prendre, en définitive, et que nous avons le tort de n'aborder qu'aux jours de fête?

Les journalistes vont-ils être mieux traités que les orateurs? Le timbre et le cautionnement, sans compter les amendes, exercent sur la presse le même genre d'influence que celui que l'on exerçait tout à l'heure sur la parole. Ils diminuent la faculté d'écrire, ils en font un privilége. Que n'a-t-on pas dit contre le suffrage restreint, contre la théorie des censitaires? Eh bien! si ces classifications injurieuses entre les citoyens soulevaient la colère de l'esprit égalitaire, leur insolence avait au moins le mérite de les désigner aux attaques qui les ont détruites, elles devaient s'écrouler parce qu'elles étaient odieuses, elles étaient odieuses parce qu'elles étaient apparentes; ne peut-on les découvrir aujourd'hui? Avec le système des lois sur la presse et sur les assemblées populaires elles se reproduisent encore. Nous avons vu que les censitaires seuls avaient le moyen de dépasser les limites d'une dissertation agréable et de passer par dessus l'amende; ils ont aussi la direction et le monopole de la presse. Cette seconde affirmation est aussi certaine que la première. Aux difficultés naturelles le cautionnement et le timbre viennent ajouter des charges si considérables, que les publicistes les plus autorisés refusent à des impôts — qui mangent au moins les huit dixièmes du revenu pour donner au Trésor public quelques millions seulement, — le nom d'impôt. C'est une confiscation préalable, quand la création du journal devient impossible; c'est une amende continuelle quand, malgré tout, le journal se fonde et qu'il continue de vivre; les lecteurs sont éloignés par l'élévation du prix de revient qui se retrouve dans l'abonnement, et l'on retombe encore dans une contradiction singulière. La discussion reste un objet de luxe dans un pays où la décision appartient à tous. Elle arrive jusqu'aux censitaires, elle ne pénètre pas jusqu'à ceux qui ont dernièrement conquis le droit de suffrage; la volonté est affranchie, mais la pensée qui l'éclaire est une matière imposée.

On comprend sans peine que les députés de l'opposition se soient demandé s'ils devaient consacrer de leur vote la demi-satisfaction qui nous était offerte. La raison ne pouvait admettre que l'administration fût juge et partie dans sa propre cause; qu'elle pût, au moyen de l'autorisation préalable, des avertissements et de la suppression, ouvrir ou fermer à son gré les débats qui se poursuivaient devant le pays; mais la logique des principes exigeait encore d'autres réformes. C'est au tribunal de l'opinion que revenaient naturellement les délits d'opinion, et les écrivains n'étaient justiciables que du jury, qui seul avait qualité pour les condamner ou pour les absoudre. En face du cautionnement, du timbre, de la police correctionnelle et des amendes, en face d'un progrès qui laissait encore le mensonge dans la plus vitale de nos institutions, l'adhésion de la gauche était raisonnable, mais son hésitation était naturelle. Il est douloureux pour les nations, comme pour les individus, de manquer des droits qui assurent leur responsabilité et leur grandeur, mais il est plus douloureux encore et d'une humiliation plus pénétrante de s'entendre louer à propos des conquêtes que l'on n'a pas faites. C'est une irritation de ce genre que l'on éprouve quand on étudie ces matières et que le désaccord éclate dans toute son évidence entre les déclarations de principe et les conséquences que l'on ne tire pas de ces déclarations. On raconte qu'un pauvre diable de comédien, qui faisait les rois dans je ne sais quelle troupe de province, était pris d'un rire amer quand il sortait de sa souveraineté de chaque soir pour rentrer dans la modestie de sa condition. Comme lui nous avons connu l'ivresse des métaphores, et le sentiment du ridicule nous saisit quand nous abordons la réalité.

Nous croyons cependant que les mots nous conduiront jusqu'aux choses, et qu'il y a dans les choses une logique qui finit par se dégager. C'est pour cela que nous aimons le droit de suffrage, moins pour ce qu'il fut que pour ce qu'il peut être, pour les souvenirs du passé que pour les espérances de l'avenir. Il amènera, nous l'espérons, comme une préface nécessaire et qui en modifiera les conclusions sur plus d'un point, des habitudes de discussion écrite et parlée qui donnent à l'esprit public l'intelligence des intérêts qu'il renferme, qui l'élèvent par des discussions raisonnées jusqu'aux discussions raisonnables. Il développera chez nous la seule éducation qui soit sincère et d'une utilité pénétrante, celle que le peuple se donne à lui-même; il désignera ses élus comme il les désigne aujourd'hui, mais d'abord il formera des électeurs. C'est alors seulement que le suffrage restreint, qui est devenu le suffrage universel, méritera le nom qu'on lui donne, et que l'affranchissement de sa pensée et de sa vie assurera aux manifestations de sa volonté une incontestable autorité.

Si les libéraux ne trouvent pas dans les lois nouvelles les garanties dont ils ont besoin, les conservateurs y trouveront-ils l'assurance de la stabilité qu'ils demandent? Je crains qu'ils ne soient tentés de le croire. Je crains qu'au lieu d'appeler à leur secours une liberté qui protégerait tous les intérêts, ils ne mettent le salut de la France dans les inconséquences que nous avons relevées après tant d'autres, et qu'ils ne désirent prolonger des malentendus. Une telle espérance est certainement condamnée par la morale. Il faut attaquer les lois ou s'y soumettre; doit-on se libérer avec de la fausse monnaie? Mais que peut valoir en définitive une espérance de cette nature? Elle ne servirait qu'à la condition de n'être jamais soupçonnée, et j'entends de tous côtés qu'on la dénonce déjà. Ne serait-il pas temps d'y renoncer, de ne plus demander aux demi-mesures, aux compromis et à la peur, à ces forces impuissantes et misérables, un appui qu'elles promettent toujours et qu'elles n'ont jamais donné? Quoi! des restrictions vous rassurent. Ce sont elles, au contraire, qui devraient vous effrayer. Toutes les garanties que vous prenez contre le suffrage universel serviront, à un jour donné, d'armes contre vous. Cette discipline que vous vantez, parce qu'elle arrache la nation à elle-même et qu'elle vous sert maintenant; cette discipline ne pourra-t-elle changer de maître? Cette vie que vous vous vantez d'avoir suspendue, qui ne se manifeste qu'à de rares intervalles, — qui apprendrait à se posséder par l'usage régulier et continu d'elle-même, — cette vie éclatera tout d'un coup dans des surprises et des bouleversements qu'il faudrait éviter à tout prix. Vous verrez alors ce que c'est que d'avoir maintenu dans l'inexpérience et l'irresponsabilité des multitudes qui suivront un jour des ambitieux ou des rêveurs, si leurs convictions leur sont dispensées, si leur conscience devient une discipline, si elles prennent l'habitude d'approuver et laissent à d'autres le soin de délibérer. Oui, nos restrictions et nos frayeurs auront ces résultats effrayants, nos mensonges contre la nation deviendront le mensonge de la nation contre nous. Nous croyons avoir tout fait quand nous empêchons les agitations partielles de se produire, et nous amenons les agitations générales. Nous croyons avoir tout sauvé quand nous empêchons qu'au fond de je ne sais quel village, je ne sais quel orateur de carrefour ou de cabaret parle sans respect de ce qu'il faudrait respecter, quand nous empêchons je ne sais quel journaliste de discuter ce qui est indiscutable, de jeter aux choses saintes une encre qui ne salit que sa page et qui retombe en boue sur son front, nous croyons avoir tout fait, défendu la famille et la religion. Non, nous n'avons défendu que deux choses, notre paresse, — il fallait répondre, — nos craintes, — il fallait regarder en face. Nous avons triomphé de quelques misérables, soit ; mais nous en avons triomphé d'une manière misérable, avec les armes de l'arbitraire et de la peur, et non, comme il le fallait, avec les armes de la justice et du courage ; nous avons évité une tempête qui s'arrêtait aux murs d'un café, qui s'était élevée, comme l'on dit, dans un verre d'eau, et nous avons préparé peut-être par cette prudence timide une tempête sociale. Qui sait, en effet, le jour où le silence cessera d'être maintenu, où les réunions, — qu'on ne peut dissiper que quand elles sont inoffensives, — se produiront comme d'elles-mêmes, où la nation tout entière sera sonore et secouée, à quel vent de doctrine tourneront ces multitudes, maintenues si longtemps dans le silence et l'isolement? Comme elles s'enivreront de mouvement et de parole! C'est alors que notre prudence d'aujourd'hui nous semblera, ce qu'elle est en réalité, le chef-d'œuvre de l'imprudence. Comeien nous regretterons alors que le suffrage universel n'ait pas appris à se connaître, qu'il n'ait pas entendu mille fois les doctrines qui lui sembleront peut-être des révélations, et qui lui sembleraient des vieilleries grosses de vent, vides de sens, s'il s'était accoutumé à les entendre, à les discuter, à les juger, à les combattre comme contraires à l'intérêt de tous! Mais ne serait-il pas en droit de nous dire encore, même en face de ces injustices, de ces violences et de ces ruines lamentables : Oui, je me suis menti à moi-même, mais c'est vous qui m'aviez menti les premiers. Vous m'aviez habitué au silence, à l'irresponsabilité, à la discipline, vous avez recueilli les fruits d'une inexpérience que je vous dois.

Nous en sommes convaincus, nous voudrions de toutes nos forces faire partager cette conviction : tout l'espace et tout le temps qui nous séparent encore de la démocratie sont pleins de périls pour les libéraux, pour les conservateurs, et pour la démocratie elle-même. Elle n'est autre chose, que je sache, que l'ordre et le mouvement, la conservation et la liberté. Elle ne peut qu'être affaiblie si l'une ou l'autre de ses forces vient à s'affaiblir; elles se sont affaiblies depuis vingt ans, qui peut en douter, dans une halte incompréhensible. Les uns se sont armés de restrictions contre le suffrage universel, et l'ont maintenu, pour combien de temps? sans l'éclairer, en dehors de sa vie naturelle; les autres se sont contentés d'un nom, et, s'abandonnant à de chimériques espérances, n'ont point senti qu'il fallait vivre pour le vivifier, que la machine n'agit pas d'elle-même, qu'elle ne rend que ce qu'on lui donne; aux sages et aux habiles, l'habileté et la sagesse, l'ignorance aux ignorants. De cet accord momentané entre des craintes et des rêves également dangereux ne pouvait résulter que la direction administrative ou la direction démagogique. Nous avons eu la première, aurons-nous la seconde? C'est à la démocratie franchement acceptée qu'il appartient de nous sortir de ces frayeurs et de ces chimères au milieu desquelles la vie de la nation s'épaissit, marécageuse, stagnante, morte pour ainsi dire, incapable de rien défendre et de rien conquérir. C'est à la démocratie qu'il appartient de nous sauver, et c'est la liberté seulement qui peut la sauver.

FIN

PARIS. — IMPRIMERIE L. POUPART-DAVYL, RUE DU BAC, 30.

www.ingramcontent.com/pod-product-compliance
Lightning Source LLC
LaVergne TN
LVHW010218230826
846091LV00008BB/3575

* 9 7 8 2 0 1 9 2 8 1 5 5 7 *